Conception et réalisation :
Françoise Detay-Lanzmann

Dépôt légal : mai 1995
ISSN : 1242-532X
Loi n° 49-956 du 16 juillet 1949
sur les publications destinées à la jeunesse

Françoise Detay-Lanzmann / Nicole Hibert

LA MER

Illustrations de Frankie Merlier

MANGO

LES MERS ET LES OCÉANS

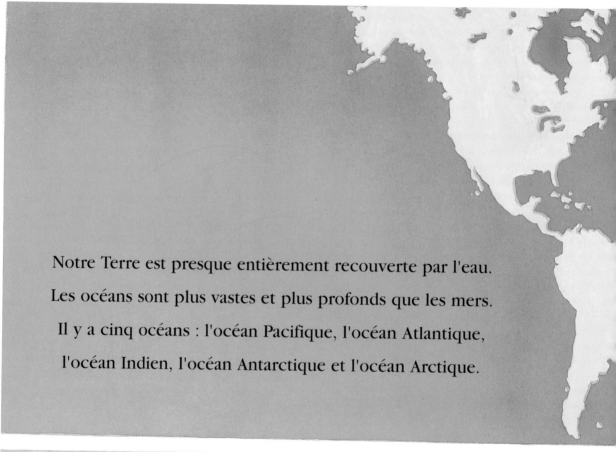

Notre Terre est presque entièrement recouverte par l'eau.

Les océans sont plus vastes et plus profonds que les mers.

Il y a cinq océans : l'océan Pacifique, l'océan Atlantique,

l'océan Indien, l'océan Antarctique et l'océan Arctique.

Lorsqu'une partie d'un océan est entourée de terre, c'est une mer. Les mers intérieures, comme la mer Noire, sont au milieu des terres.

Il y a des mers froides et des mers chaudes. Dans les régions du monde où le soleil brille en permanence, on peut se baigner toute l'année.

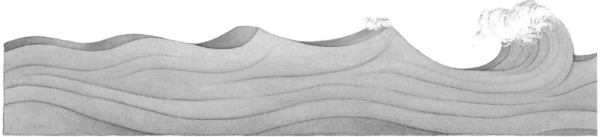

L'océan est constamment agité. En surface, les vagues montent et descendent sous l'effet du vent. En profondeur, il y a de puissants *courants* chauds ou froids, eux aussi créés par le vent.

LES PAYSAGES SOUS-MARINS

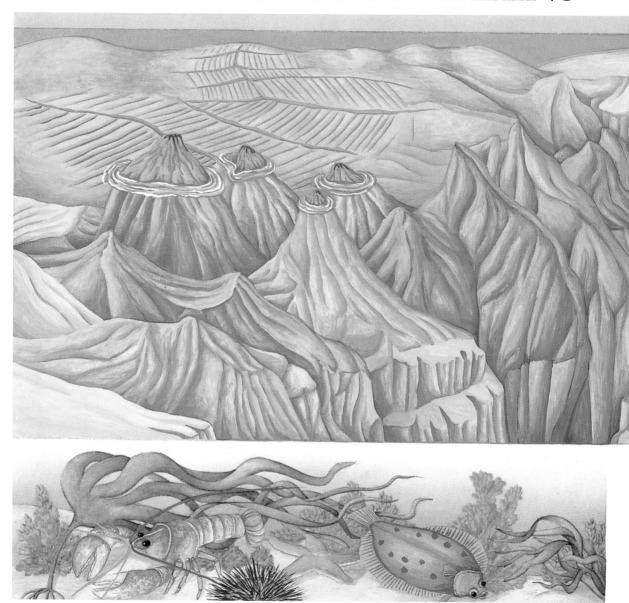

Autour des continents, l'eau est peu profonde.
Grâce au soleil, la vie y est très riche. On y voit des éponges, des étoiles de mer, des homards, des pieuvres, des carrelets, etc.

Les fonds marins, tout comme la Terre,
offrent des paysages très variés.
Il y a des vastes plaines, d'énormes chaînes
montagneuses, des volcans et des *fosses*.

Ce sont de minuscules animaux qui fabriquent le corail dans les eaux chaudes.
Il faut des millions de coraux pour former un récif qui fournit un abri et de la nourriture
à de nombreuses espèces de poissons aux couleurs extraordinaires.

LES CÔTES

Là où finit la terre et où commence la mer, c'est la côte.

Certaines côtes sont hautes et rocheuses avec des falaises.

D'autres sont basses avec des plages de sable.

Les dunes sont des collines de sable

formées par le vent.

Certaines côtes sont découpées en criques, en baies, en anses séparées par des caps et des pointes. Les galets projetés par les vagues arrachent des morceaux de falaise. Au bout d'un temps, les roches s'effondrent, la falaise recule.

La mer, en frappant contre la falaise, peut creuser un trou qui s'élargit peu à peu et devient une grotte, puis une arche. Certaines côtes avancent dans la mer grâce aux *alluvions* apportées par le fleuve. Cela se produit à l'endroit où le fleuve se jette dans la mer.

LES GRANDS FONDS

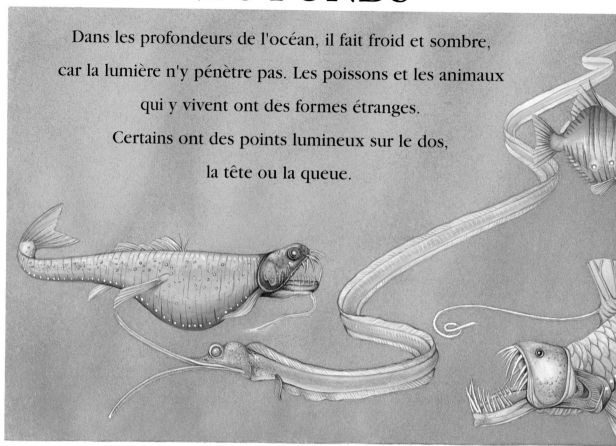

Dans les profondeurs de l'océan, il fait froid et sombre,
car la lumière n'y pénètre pas. Les poissons et les animaux
qui y vivent ont des formes étranges.
Certains ont des points lumineux sur le dos,
la tête ou la queue.

Les calmars géants qui évoluent au
milieu des lis de mer à la recherche
de petits poissons ont des yeux énormes
et de très longs tentacules.

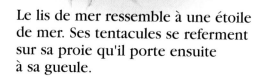

Le lis de mer ressemble à une étoile
de mer. Ses tentacules se referment
sur sa proie qu'il porte ensuite
à sa gueule.

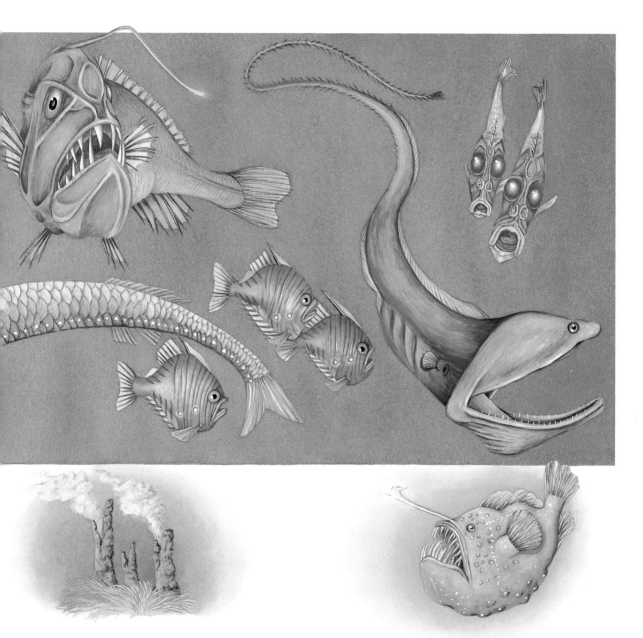

De certaines roches s'échappent de l'eau chaude et du gaz. À ces endroits des fonds sous-marins se développe une vie animale importante.

Les poissons-pêcheurs utilisent une sorte de canne à pêche située au bout de leur tête et qui sert d'appât pour attirer les autres poissons.

LES PLAGES

Sur les plages de sable, on peut construire des châteaux, jouer au ballon,
faire voler son cerf-volant, ou ramasser des coquillages.
Le maître-nageur apprend aux enfants à nager la brasse ou le crawl. Ils pourront ensuite
faire du bateau, de la planche à voile ou du surf.

L'eau détache des côtes des blocs rocheux

qui, à force de se cogner les uns contre les autres,

deviennent des galets et, enfin, des grains de sable.

C'est ainsi que se créent les plages

de galets ou de sable.

Avant de se baigner, il faut vérifier les heures des marées et regarder la couleur
du drapeau. Quand il est vert, la baignade est autorisée.
Il est agréable de se mettre au soleil, à condition de bien se protéger la peau
et de porter un chapeau pour ne pas risquer une *insolation*.

LES POISSONS

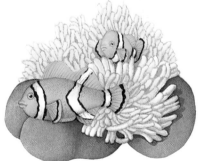

Le poisson-clown vit dans les tentacules
de l'anémone de mer qui le protège.
Il nourrit l'anémone avec les restes
de ses repas.

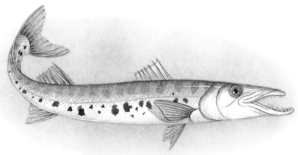

Le barracuda, qu'on appelle le tigre des
mers, est un redoutable chasseur grâce à
ses puissantes mâchoires. Il peut mesurer
jusqu'à deux mètres de long.

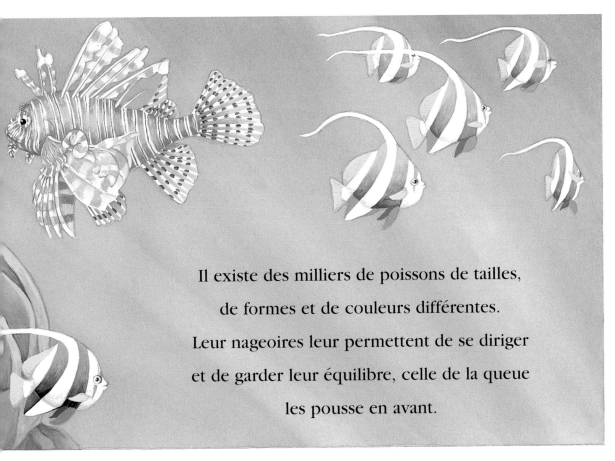

Il existe des milliers de poissons de tailles,
de formes et de couleurs différentes.
Leur nageoires leur permettent de se diriger
et de garder leur équilibre, celle de la queue
les pousse en avant.

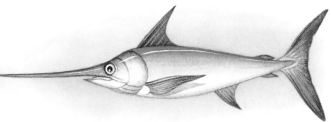

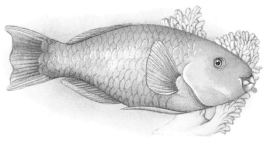

L'espadon vit en surface. Il utilise l'épée
qui prolonge sa mâchoire supérieure pour
attaquer les *bancs* de petits poissons.

Le poisson-perroquet possède
une espèce de bec dur qui lui permet
de croquer les coraux et de les réduire
en poussière.

LA PÊCHE

Dans toutes les mers du monde, les pêcheurs capturent
chaque année des millions de tonnes de poisson.
Les bateaux modernes sont équipés d'appareils
qui permettent de repérer les *bancs* de poissons.

La pêche au thon se pratique avec
des bateaux spéciaux, équipés de
nombreux mâts au bout desquels sont
accrochées plusieurs lignes.

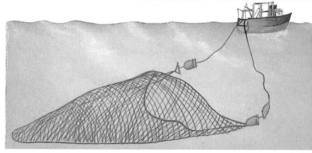

Le chalutier tire un immense filet
en forme d'entonnoir, le chalut, pour
pêcher des poissons comme la morue
qui vit dans les eaux froides du Nord.

D'autres bateaux tirent un filet
qui ressemble à un poche géante, pour
capturer les poissons qui nagent en bancs
près de la surface, comme les harengs.

Les homards et les langoustes sont
pêchés grâce à des casiers posés
au fond et reliés à des *flotteurs*
qui permettent de les repérer.

15

LES OISEAUX DE MER

Beaucoup d'oiseaux marins font leur nid sur les falaises
et les petites îles rocheuses où ils vivent en groupes
parfois très importants.
Les fous de Bassan construisent de gros nids avec
des algues, des plumes, des herbes et de la terre.

Le cormoran plonge dans l'eau à la
recherche de crabes et de poissons.
Ensuite, il déploie ses ailes pour se
sécher les plumes.

Le macareux moine niche au sommet
des falaises dans un terrier qu'il creuse
dans un sol mou et qu'il tapisse
d'herbes.

La femelle du guillemot pond un
seul œuf qui, grâce à sa forme de
poire, ne risque pas de rouler
de la falaise.

Le pétrel tempête est le plus petit
oiseau marin. Il voltige au-dessus
des vagues pour chercher du
plancton et des petits poissons.

17

LES RICHESSES DE LA MER

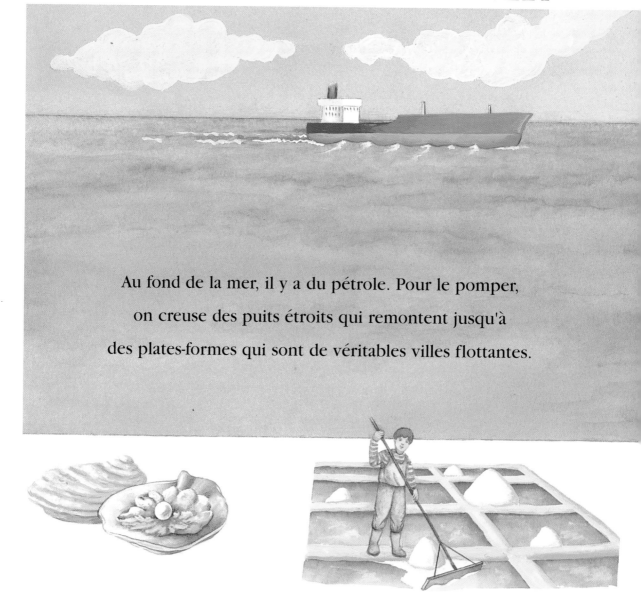

Au fond de la mer, il y a du pétrole. Pour le pomper,

on creuse des puits étroits qui remontent jusqu'à

des plates-formes qui sont de véritables villes flottantes.

Certaines huîtres fabriquent des perles autour d'un grain de sable qui s'est glissé dans leur coquille. Ces perles sont très rares et très précieuses.

Le sel est le premier trésor de la mer. On conserve l'eau de mer dans des bassins peu profonds, les marais salants. Quand l'eau s'est évaporée, on recueille le sel.

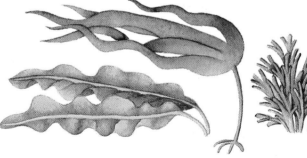

Quand elle veut se défendre, la seiche
projette un liquide brun foncé,
le sépia, avec lequel on fabrique
des crayons pour dessiner.

Les algues sont très utiles aux hommes.
Certaines, comme le goémon, servent
d'engrais pour les cultures. D'autres
sont consommées comme légumes.

19

LA MER EN DANGER

Les mers et les océans sont devenus
des poubelles, car on y jette
des tonnes de déchets et de produits
chimiques.

Quand on pêche trop de poissons
au même endroit, il n'en reste plus assez
pour pondre des œufs. Il n'y a donc plus
assez de naissances.

Il arrive parfois que des pétroliers géants fassent naufrage.

Le pétrole se répand alors à la surface de la mer

et sur les côtes, tuant des milliers de poissons,

d'oiseaux et de mammifères.

La baleine bleue a été beaucoup chassée pour sa graisse et sa viande. Aujourd'hui, il ne reste presque plus de baleines, et on essaie de les protéger.

À cause de la pollution ou de la chasse, d'autres animaux risquent de disparaître comme le phoque-moine, la tortue cacouane et de nombreux oiseaux.

L'HOMME ET LA MER

Pour protéger la mer, il faut bien la connaître.

C'est le travail des océanographes qui étudient la vie des plantes

et des animaux marins.

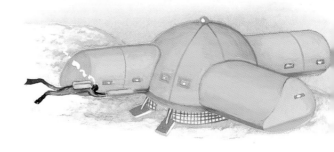

De petits sous-marins transportent les hommes qui vont travailler au fond des océans. Ils peuvent rester sous l'eau pendant une dizaine d'heures.

On commence à construire des maisons sous la mer où des savants pourront vivre et travailler pendant de longues périodes.

Au fond de la mer, il y a parfois
des trésors engloutis. Les plongeurs ont
trouvé, dans de vieilles épaves, des
pièces d'or, des bijoux et des canons.

Les hommes ont toujours aimé naviguer
sur les mers. Aujourd'hui, on construit
des voiliers de plus en plus rapides
qui participent à de grandes courses.

À MARÉE BASSE

Sur les côtes de la Manche et de l'océan Atlantique,

la mer monte et descend deux fois par jour :

ce sont les marées. Lorsque la mer se retire,

c'est la marée basse.

Il reste entre les rochers des mares
où vivent des algues, des crabes,
des crevettes, des étoiles de mer
et des petits poissons.

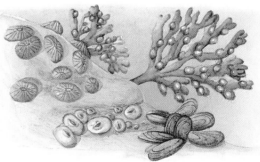

Certains coquillages vivent accrochés
aux rochers : les balanes, les patelles
qui se cachent dans les trous,
les bigorneaux ou les bulots.

24

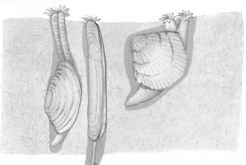

On trouve dans le sable de nombreux coquillages : coques, pétoncles, praires, palourdes et couteaux.

L'huîtrier-pie se sert de son bec puissant pour ouvrir les coquilles de moule, d'huître et de coque.

LEXIQUE

Alluvions
Cailloux, graviers, sables et boues qui se déposent au fond de l'eau et sur les rives.

Banc
Groupe important de poissons.

Courant
Mouvement de l'eau dans les profondeurs de l'océan.

Épave
Navire qui a fait naufrage et qui a coulé au fond de la mer.

Flotteur
Bouée ou objet fabriqué dans un matériau très léger, qui reste à la surface de l'eau.

Fosse
Cavité creusée dans le fond des mers et des océans.

Insolation
On souffre d'insolation quand on est resté trop longtemps au soleil : la peau est brûlée et, quelquefois, on s'évanouit.

Plancton
Végétaux ou animaux minuscules qui flottent dans l'eau de mer.